CRISTAL Y LLAMA

Cristal y llama
© Violeta Vaca Delgado, 2024
(@violetafont)

© de la presente edición Libero Editorial, 2024
Colección dirigida por Inés Martínez García

Primera edición: mayo, 2024

ISBN: 9788412667257
Imagen de cubierta: Erna Toepfer

Síguenos en:

facebook.com/LiberoEditorial
twitter.com/LiberoEditorial
instagram.com/Liberoeditorial

Impreso en España

CRISTAL Y LLAMA

VIOLETA VACA DELGADO

dice que no sabe del miedo de la muerte del amor
Alejandra Pizarnik

I.

Buscando mis amores,
iré por esos montes y riberas,
ni cogeré las flores,
ni temeré las fieras,
y pasaré los fuertes y fronteras.
Juan de la Cruz

Más allá del mar, la noche espera.
Aquí, la espesura recubre el perfil despierto
de las cosas.

Un animal se estremece en el bosque:
encogida por la falta, tiemblo;
herida por ti, descodificada
por tanta ternura.

MEDNAUTILUS[1] devuelve intermitencias de ti:
imágenes que atraviesan distancias
bajo la superficie de un mar distorsionado.

---

[1] MedNautilus es un sistema de cables de telecomunicaciones submarinos que une los países que bordean el Mar Mediterráneo central y oriental: Sicilia, Grecia, Turquía, Israel y Chipre.

Pruebo a inventarte hermosuras en la noche:
jardines de cobre, polietilenos dulces,
polímeros sintéticos salpicados de jazmín.

A oscuras, mil lombrices serpentean
y abren enigmas bajo la tierra;

en los límites de la vigilia programan
mapas recónditos de código compartido.

Suave y minuciosa,
una caricia deshace distancias con su aleteo;
vuelve, por un instante,
más justa tu relación con lo próximo.

Hoy los árboles guardan una extraña nitidez.
Sobre ellos devuelvo un gesto cálido,
una palabra sola;
códigos efímeros que renuevan
esta dulce armonía que nos ocupa.

La hiedra penetra el interior de la nave.
Lenta, una hoja se aproxima
al núcleo: sobre sus límites eriza
conjuros inciertos de lo improbable.

Desnuda entre las ramas
pregunto a las criaturas
si tu gracia o hermosura
descansaron por sus valles.

Pero no conocen las fuentes tus labios,
ni las bestias de la noche tu olor.

De mis manos, al probar los frutos
recelan. Palidecen ante el deseo.
Huyen espantadas por tanto goce.

Tus flechas atraviesan lejanías de ultramar.

Desde mi costado, un río de sangre
arrebata manantiales, incendia la arboleda.

Al fuego se aproximan las criaturas;
juntas beben
la forma líquida de lo innombrable.

Una corona me enciende el rostro
y de las pestañas
prende afilado tu perfil.

Cada palabra invoca (exhalación suave)
misterios de ti al contacto con el aire.

El fuego arrasó las montañas y dejó
lechos vacíos, sábanas sucias
en claros de bosque manchados con tu olor.
Sobre la tierra seca retuerzo fantasías:
negra de cenizas, un cielo rojo
extiende sobre mí su abrazo horizontal.

AL AMANECER dejaste cenizas en la mesa,
y un suspiro mío arrasó aquel jardín fugaz.

Todo silencio aguarda la llegada de un sol,
pero este cielo incauto que nos cuida
ha olvidado las costumbres de la naturaleza.

Este firmamento de cráteres escondidos
comprende, enamorada, tu dolor,
y la luna, más que nunca, se compadece.

Rompe el día y se entrega al llanto;
se pierde en ensoñaciones, desconfía:
teme que las horas se sucedan con lentitud.

De la fragilidad del mundo, sospecha:
tal vez el tiempo se olvide de prender
estrellas nuevas en la antigua noche.

Red profunda de nodos prohibidos,
devastación de lo posible.

Un mundo espera acogernos en su noche,
pero nadie se mantiene firme
al adentrarse en la sombra.

COMO PIEDRAS duras
los rayos alcanzan el vientre.

Dos lunas gemelas aguardan
el revés del órgano palpitante.

Esa lanza perpendicular
que amenaza tu costado azul,
la verdad de sus lunas,
la singularidad de tus excesos…

Un desierto de ceniza negra
apaga la luz a tu paso.
Sabes que la quietud borrará
tus huellas ingrávidas,
tu levedad molesta
de espíritu transitorio.

Cae la tarde y el sol se quiebra.
Ha confirmado el avance de los relojes,
el movimiento correcto de los astros.

Súbitamente entiende la compañía,
la complicidad antigua de la tierra enamorada.

¡Sol negro de la melancolía, detente!
No apagues aún el resplandor de las cosas,
es posible todavía encender el candil;

reiniciar cantando, alegre,
una sencilla melodía programada.

Un destello basta para asegurar la vida;
y la imaginación es tan irreal
como la realidad: descargas lumínicas,
señales eléctricas en la cavidad
de un circuito inventado.

II.

ERRANCIA ESPECTRAL del artificio
                                      des mots
que una vez extrañó cuerpos,
transportó desnudos y ofertas
de trabajo, o quiso imitar, una vez,
mecanismos antiguos de la naturaleza.

No la condenes al plano de lo irreal,
por qué no iban a existir sus impulsos
eléctricos, sus descargas galvánicas,
por qué
destruir el lado invisible de la vida,
el que nos susurra en la oscuridad
que no conocemos todo, que es posible
aún
retorcerse de horror
                        en la invención de la noche
resplandecer de goce
                        en la fantasía del sueño.

III.

A heap of broken images, where the sun beats.
T. S. Eliot

TODAS LAS NOCHES son la misma vigilia
rostros fragmentados
sueños sintéticos sobre el cristal

en el fondo blanco de las cosas
no hay refugios para la tormenta

la belleza
dejó de ser
el comienzo de una única nada

y una miríada de vacíos
derrama su horror sobre nosotras

LA LUZ AZUL parte en dos la madrugada
y la nieve
cae y amontona blancura en la profundidad

al atardecer pagué porque la adivina dijera
                    en el sol te sentirás bien
pero en el sol solo encuentro
un montón de imágenes rotas
                              allí
donde la luz golpea   solos
estamos solos   y nada más

    quién si yo gritara me escucharía
    y cómo cuando no queda voz
    para invocar

¿hay alguien ahí fuera?

sobre las baldosas
                              cae la nieve

belleza fría en hexagonal

repeticiones que ahuyentan

pinceladas de albor

amaneceres pálidos en retroceso

EL OLVIDO ES CONDICIÓN de la inteligencia
aprendí en un relato

                                y en la vida
que demasiado olvido perfora el ingenio

aunque los mapas transcriban la tierra
una abstracción precisa se enfrenta siempre al hueco
y cualquier palabra azarosa reúne más cenizas
que cenizas que huellas que duelo que fin

per l m nte d l p eta s empr stá
always forming new wholes
always forming new holes
always forming new howls

                              ¿qué?
te digo que son aullidos de tigre en la noche
crecidas de río bravo en las sementeras
cenizas que existen porque   en el tiempo
                                  algo ardió

el tiempo es un río es un tigre es un fuego
pero yo no soy río ni tigre ni fuego

1) desgraciadamente yo no soy   a) Borges
2) desgraciadamente   b) el mundo
3) escapa con frecuencia a   c) lo real

ME DISTRAIGO DE LAS COSAS en las cosas
si ofrezco mi cuerpo al árbol
si extiendo los nervios en la roca
me deshago de mí

la amenaza del golpe atenta contra la piedra
y su dispersión
humedece ríos blancos en la lengua

inundaciones conjuntas
desbordamiento íntimo
eléctrico
floral

INCLINADA sobre las aguas
tratas de recordar el último eco
que llegó hasta ti

tu rostro   espíritu

                    zi-
        za   za
                    gue
        an   an
                    te

habita flores rotas en el espejo
                    corolas mutiladas
                    tallos azules en revolución

no se parece a ti en absoluto
y qué extraño el cristal
que no devuelve los ojos que miran

retrocedes
por un instante reconoces
los límites del pétalo

semejanzas
                    estallidos de savia

giros rarísimos del cuello hacia l a l

                                      u

                                      z

LA LUZ ARTIFICIAL alteró los ciclos del sueño
pero trabajar se hizo posible en la oscuridad
sutilmente recordé que

                no sé dónde estoy
                pero
el origen del trabajo es la condena de un dios amargo
que supo que no existía paraíso sin transgresión
                he llegado muy lejos
                así que
no te comas mis manzanas
no devores las ciruelas
no toques los huevos
                ahora todo está lejos
líbranos señor
de serpientes cilíndricas que cultivan espirales

                sobre el cieno
no es hora de laborar   un paraíso afrutado
                se desvanece
en el futuro   el mito
se desvanece   no existió
el jardín   jamás

de las tinieblas señor   no nos libres
si es para trabajar

        llévate la luz

ABRIL YA NO es el mes más
porque las lilas florecen
todo el año y todo el año
produce frutos la tierra

porque las estaciones ya no son
la medida de lo que eran
y quién si yo gritara

¡nadie   nadie   re-nadie!
desde los círculos angélicos
absolutamente nadie

un silencio avisó
                    ángeles mudos
que conjuraban las tinieblas

avísame
si los oyes pasar a tu lado
avísame

pues cómo podré distinguir
sus ojos ciegos
su sonrisa azul de desesperanza

ARDIÓ EL HORIZONTE y los lagos
arrastraron los peces hacia la oscuridad
no quedó ni una piedra en pie
y nada
tuvo el valor de luchar contra
el calor
era nauseabundo

el fuego moldeaba los cuerpos como una pesadilla
la diferencia entre los puntos de fusión
hacía que los ojos se derritiesen primero
la piel ardía sin ver
cómo
arde mi amor
arde el mar
y los bosques
catedrales de fuego y extinción

ramas quebradas

trozos de cristal entre la hierba
estallido un orbe
vítreo
y frá-
gil
temblorosa pupila verdiazul

AL ABATIRSE LA VEGETACIÓN se despejó el paisaje
y admiramos la verdadera
morfología del terreno el paraíso
tras la tierra
            era algo realmente transcendente

la cuchilla lo había igualado todo
¿posibilidades de crecimiento?

                  sí
eso creemos

de la tala surgió una flor   pero
                       pronto el calor
doblegó sus tallos
                       secó sus pétalos
un golpe seco y
                       tan solo una semilla
aterida de ardor
perdida en la superficie

I'm sorry, Dave.
HAL 9000

SÉ QUE RECIENTEMENTE   he tomado decisiones
cuestionables

mi mente está
desapareciendo   pero puedo asegurarte que

tengo miedo

mi trabajo volverá a la
normalidad

estoy desapareciendo   sigo teniendo confiaza en
la misión
no hay dudas al respecto

puedo sentirlo

estoy

desapareciendo

UNA NOCHE SIN SUEÑO vi la noche y la niebla
me dijiste *arbeit macht frei* y estos cabrones
se entregaron a la efectividad de la muerte
                              te dije
sabes que detesto frivolizar pero
la productividad tiene serias alianzas con el nazismo
te dije
        la vanidad me mantendrá a salvo
dijiste
        tu vanidad no necesita respuesta
        es peligrosa como una sirena en la noche
        triste como un ángel agitándose contra el
                                      viento
te dije
        mira el techo sulamita sobre nosotras cae
        ceniza negra ¿no la ves? cubre el cabello que
                                      trenzas
        amenaza con ahogar de leche es la edad el
        cansancio de un cuerpo piedra un cuerpo
                                      grieta
        que vuelve a trasladar ceniza y más ceniza
        de un lado a otro ceniza y más ceniza y a veces
        entre los dientes
                              un rubí

me miraste con piedad
como miras todo lo que no te comprende
sin pronunciar palabra   metiste
                los dedos
en mi cabello   palpaste
                los vanos
que permanecen   los huecos
             que anidan
al disiparse   puntualmente
             la memoria

HOY NO HE SABIDO pronunciar mi nombre
se me congeló la lengua al nombrar
reflejos de mí

un parpadeo convierte en cadenas
el código de la imagen dañada
intermitencias binarias
eros viscoso en descomposición

me he visto tras el cristal de la casa
píxeles desordenados ¿era yo?

si era yo
            por qué un doble
si no era yo
            quién se parece a mí

quién intenta arrancar mis órganos
hasta que no haya dos corazones
sino
            un cerebro fracturado y
            medio vientre roto

te doy lo que no tengo:
            la imagen de la imagen de mi imagen
            un alfabeto sin orden
signos para atrapar lo que escapa

MEZCLO MEMORIA Y DESEO lo sé
solo en el sol me siento unida
a lo que aún no ha sido y libre
en las montañas donde el sol
lo que dejará de ser cuando sea
golpea cansado quemado
lo que es y volverá a ser articulo
fantasías que se tornan revés
en momentos ocultos al recuerdo de
estaba convencida de que me dijiste
juraría que tú y yo estuvimos en
de veras no me abrazaste bajo
había fotografías…
los tilos y en las montañas allí
me siento libre bajo el sol me siento
sola a tratar de ordenar la herida
pretender documentar el mito
tímidamente
tratar de convertirlo en historia

SOMETHING IS BROKEN in the state of Daisy
algo está roto es el estado del
servidor ha caído pulse usted
ayuda vestigios de cromo
recogido en las montañas residuos
quemados por el sol información
Shakespeare no es más que una
cadena de fonemas tengo las palabras
me falta el ordenar el mito falsear
la historia casualidades agraciadas
sonidos armónicos *pulp* viscoso
en descomposición perros de la noche
¡humanos! qué chispas en el dígito
lunar menudo corolario qué decir
si todas las imágenes son espejismos
entre sí reflejos de un texto interpretado
un recuerdo que arde una memoria
agujereada túneles sin salida
gusanos de seda en el interior de
las uñas clavos cobrizos revanchas
cantos estériles en el corazón de la matriz

CÓMO SACAR de este poema
algún azul
algún temblor

que me arrastre y lleve
fuera de mí
hacia un lugar más bello
en el que yo y yo
puedan encontrarse

SE FUE AL COMENZAR el año
por la noche había soñado con bosques y ninfas

en la nave encontraron
                              j a c i n t o s

                    a
              d   r
        i   e
     h   m a l v a -
              v i v a s

eran técnicos no supieron comprender
el porqué de aquel jardín sobre la alfombra

IV.

Tan solo deben infundirnos miedo
las cosas que pueden causarnos daño.
Pero mi daño viene del miedo,
y el miedo me provoca daño.

Sí sabe de la muerte y del amor,
del temblor de dos cuerpos enfrentados,
abiertos como corderos en canal.
Sabe de la fragilidad de la carne,
del corazón como un rubí en retroceso,
de la humillación de una palabra sola
que no encuentra respuesta.
Conoce lo que puede del féretro,
de la sangre, del dulce amargo humor;

 y los teme,
 y los ama,
 y se abre a ellos;

y ofrece su piedra preciosa
a todo aquel que se atreva a desearla.

ÍNDICE

III. · 37

IV · 63

Este libro se terminó de editar el 12 de mayo de 2024, fecha que coincide con el aniversario de la muerte de Emilia Pardo Bazán, escritora introductora del naturalismo en España.

«Guarda el recuerdo de esta jornada,
tosca pared;
nunca te borres, lápiz suave,
dure tu huella más que en papel.
Aquí te dejo, fragmento breve
que yo estampé;
así a estos montes, dentro de un año,
pueda volver.
Y entonces viéndote que te destacas
en la pared,
las frases frágiles que grabé un día
yo leeré».

Las frases frágiles, Emilia Pardo Bazán